# EXTRAIT

## D'UN

# MÉMOIRE

### SUR QUELQUES

## CHANGEMENS A APPORTER DANS L'ORGANISATION

## DE LA MARINE,

ET NOTAMMENT SUR LES MOYENS QUE LA FRANCE POURRAIT EMPLOYER

POUR EN AUGMENTER LE PERSONNEL,

### SANS AUGMENTER LE BUDGET GÉNÉRAL ;

## SUIVI D'UNE NOTE

Sur les causes et la faiblesse de notre Commerce maritime ;

### PAR M. AUG. LUCAS,

CAPITAINE ET FONDATEUR DE L'EXPÉDITION DESTINÉE A FAIRE LE TOUR DU MONDE DANS LE
SEUL BUT DE FORMER DES SUJETS A LA MARINE ET AU COMMERCE.

« Aimer sa Patrie, c'est faire tous ses efforts pour
« qu'elle soit redoutable au-dehors et tranquille
« au-dedans.
« BARTHÉLÉMY. »

## PARIS,

IMPRIMERIE DE WITTERSHEIM, 8, RUE MONTMORENCY,

—

### 1839.

# TRAITÉ

DE LA

## LÉGISLATION

COMMERCIALE ... DE LA MER

... Usages et la Jurisprudence pour le Commerce maritime

Par M. Ant. Godde

PARIS

IMPRIMERIE DE ...

# EXTRAIT D'UN MÉMOIRE

SUR QUELQUES

## CHANGEMENS A APPORTER DANS L'ORGANISATION DE LA MARINE,

Et sur les moyens d'augmenter le Personnel

SANS AUGMENTER LE BUDGET GÉNÉRAL.

# EXTRAIT

## D'UN

# MÉMOIRE

SUR QUELQUES

## CHANGEMENS A APPORTER DANS L'ORGANISATION

## DE LA MARINE;

ET NOTAMMENT SUR LES MOYENS QUE LA FRANCE POURRAIT EMPLOYER
POUR EN AUGMENTER LE PERSONNEL,

### SANS AUGMENTER LE BUDGET GÉNÉRAL;

### SUIVI D'UNE NOTE

Sur les causes et la faiblesse de notre Commerce maritime;

## PAR M. AUG. LUCAS,

CAPITAINE ET FONDATEUR DE L'EXPÉDITION DESTINÉE A FAIRE LE TOUR DU MONDE DANS LE
SEUL BUT DE FORMER DES SUJETS A LA MARINE ET AU COMMERCE.

« Aimer sa Patrie, c'est faire tous ses efforts pour
» qu'elle soit redoutable au-dehors et tranquille
» au-dedans.

« BARTHÉLÉMY. »

## PARIS,

IMPRIMERIE DE WITTERSHEIM, 8, RUE MONTMORENCY,

—

### 1839.

MÉMOIRE

DIX

MÉMOIRE

les groupes

SUR...

PAR M. ...

SUIT D'UNE NOTE

PARIS

1856.

# Copie d'une Lettre de l'amiral Duperré au sujet de ce mémoire.

Paris, le 16 avril 1837.

Monsieur,

« Je n'ai pas voulu vous accuser réception du Mémoire que vous m'avez
« fait l'honneur de m'adresser, avant d'avoir pu en prendre lecture. Les
« vues que vous y déployez ont fixé mon intérêt et m'ont paru dignes d'être
« mises sous les yeux du Ministre, qui seul, dans l'intérêt de la marine,
« peut y donner suite ; j'ai donc mis votre Mémoire sous ses yeux. »

« Agréez, Monsieur, l'assurance de ma parfaite
considération,

*Signé :* Amiral DUPERRÉ.

# EXTRAIT D'UN MÉMOIRE

SUR

QUELQUES CHANGEMENS A APPORTER DANS L'ORGANISATION DE LA MARINE, ET
NOTAMMENT SUR LES MOYENS QUE LA FRANCE POURRAIT EMPLOYER POUR
EN AUGMENTER LE PERSONNEL, SANS AUGMENTER LE BUDJET GÉNÉRAL

---

L'art de la navigation est au nombre de ceux qui ont subi le plus de perfectionnement depuis un siècle, et c'est peut-être encore celui qui en France en réclame le plus dans ses institutions. L'armée et la garde nationale sont des remparts inexpugnables contre les puissances du continent, et une armée navale proportionnée à ces millions de bayonnettes, devrait en être la plage inaccessible pour les puissances maritimes.

Tout le monde connaît les belles et gigantesques combinaison que la faiblesse de notre marine a fait échouer, et cela devrait suffire pour porter la nation à remplir envers ce précieux corps la tâche que lui imposent ses propres besoins.

Voici l'exposé du système qui, au dire des personnes qui en ont eu connaissance, donnerait, et à peu de frais, une prépondérance colossale à la marine française.

Avant d'entrer en matière nous croyons devoir nous arrêter sur les principes qui doivent servir de base au système dont il va être question; car là, gît en grande partie la possibilité ou l'impossibilité de son application.

Il s'agit donc :

1° De s'entendre sur les capacités des hommes destinés à former l'équipage d'un vaisseau ;

2° Sur le temps de navigation qu'il leur faudrait pour acquérir les connaissances exigées.

De l'avis, sans doute, du plus grand nombre des marins, le vaisseau qui aurait quatre bons maîtres de manœuvre (quelques seconds-maîtres compris), huit bons quartiers-maîtres, quatre bons chefs de hune, soixante-quatre gabiers, et dont les connaissances du reste de l'équipage se borneraient à savoir serrer le fond d'une voile, prendre l'empointure d'un ris, passer une drisse de bonnette, gréer et dégréer un perroquet et gouverner, serait suffisamment bien équipé ; et il n'est assurément pas un commandant qui éprouvât la moindre inquiétude de prendre la mer avec un tel équipage.

Les maîtres, seconds-maîtres, quartiers-maîtres et même les gabiers ne peuvent jamais nous manquer ; l'important serait donc de trouver un moyen qui pût, dans le moins de temps et au moins de frais possible, créer les derniers que nous pouvons appeler simples matelots pour correspondre aux simples soldats.

Les opinions sont divisées sur le temps qu'il faut pour faire un matelot ; il est certain qu'un bon matelot, celui sur lequel on peut compter dans tous les cas, peut ne pas se faire dans un an, ni même dans deux : mais il n'y a pas de nécessité absolue à ce que l'équipage d'un vaisseau soit entièrement composé de parfaits matelots ; la preuve, c'est que nous voyons journellement nos navires de guerre s'armer et ne réunir qu'avec difficulté les hommes d'élite nécessaires pour remplir les principaux postes. Cela ne les empêche cependant pas de bien manœuvrer au bout de quelques mois.

Les remarques que nous avons faites pendant 15 ans d'expérience, nous autorisent à croire que tout jeune homme de 20 ans

(aussi peu intelligent qu'il fût), qui naviguerait un an sur les navires du commerce, et une autre année sur ceux de l'État, serait
apte, après ces deux ans d'embarquement, à être gabier à bord
d'un vaisseau de ligne (1).

Cela étant, si sur les tirages de chaque année l'on prenait un
certain nombre d'hommes (et tous volontaires autant que possible) pour les embarquer pendant un an au commerce (aux frais de
l'État), une autre année sur les navires de guerre, et au bout de
ces deux ans d'embarquement les laisser en garnison dans les
ports sous le nom de Compagnies permanentes ou sous tout autre
dénomination que l'on jugerait convenable, mais exempts d'embarquement jusqu'à l'expiration de leur congé, sauf le cas de guerre (2),
on atteindrait le but désiré. L'effectif de la marine du commerce
au premier janvier 1835, nous donne 1975 navires, depuis 100 tonneaux de jauge jusqu'à 800, et dont la jauge moyenne est de
250 tonneaux ; en embarquant sur chaque navire, aux frais de
l'État, un homme par 50 tonneaux de jauge, nous nous trouve-
rions avoir, terme moyen, cinq hommes sur chacun, qui, répétés
1975 fois, nous ferait par an 9875 marins : le temps de service
étant de huit ans, par exemple (ceci n'est qu'une supposition, car
nous savons qu'il n'est que de sept ans), nous aurions après ce
temps 79,000 hommes, sur lesquels on pourrait compter s'il s'agis-
sait d'avoir recours à la marine (3). Ceci reviendrait donc à faire
naviguer une partie de l'armée, et volontairement, autant que pos-

(1) Il est reconnu que les bons matelots au commerce sont les jeunes gens de 18
à 21 ans qui ont fait deux voyages de novices aux Antilles; comme il est reconnu
que tout individu capable d'être matelot au commerce, peut être gabier à
l'État.

(2) A moins qu'on ne jugeât convenable de leur faire faire une courte croisière
de France aux Canaries, par exemple, et retour, pour les empêcher de perdre
l'habitude de la mer.

(3) D'après le calcul approximatif fait par les capitaines de Bordeaux dans leur
pétition, ce nombre double celui des marins qu'ils ont trouvés propres au service, depuis l'âge de 18 à 40 ans.

sible, pour l'amariner et l'avoir prête et propre à embarquer au premier besoin.

Tous les marins connaissent l'avantage qu'offre la marine du commerce sur celle de l'État pour former les jeunes gens ; et les personnes qui sont étrangères à la marine en demeureront convaincues, quand elles sauront qu'à bord des navires de guerre l'on est forcé, pour éviter la confusion, de fixer le poste de chaque homme, ce qui fait qu'ils ne connaissent la manœuvre que dans la partie du vaisseau qui leur est assignée. Les exercices que l'on fait ne peuvent détruire qu'à la longue les résultats de cet inconvénient, d'autant que tout se manœuvre à la fois.

Il n'en est pas de même au commerce : les équipages étant plus faibles, les hommes sont forcés d'être gabiers de tous les mâts, caliers, timonniers et même voiliers au besoin ; s'agit-il dans une tempête de prendre des ris, et de mettre le navire à sec de voiles, ce sont les mêmes hommes qui font toutes ces manœuvres successives, et ces hommes *sont tout l'équipage, sans en excepter les officiers.*

La marine du commerce offrirait en outre l'avantage d'engager les jeunes gens à se faire marins : cette illusion de liberté est toujours influente. Le temps d'embarquement au commerce serait, pour la plupart, des voyages d'agrément, et une seule année d'embarquement à l'État ne les effraierait pas. *Deux ans de navigation peuvent être supportés par ceux qui auraient le plus d'avertion pour la marine ; mais sept ou huit ans de service sont capables de dégoûter de cet état l'homme le plus zélé :* aussi n'avons nous pas atteints avec nos équipages de ligne le but qu'on s'était proposé en les créant. Il faut approcher les matelots des équipages pour se faire une idée de leur dégoût pour la marine ; toutes les précautions que l'on a prises et que l'on prendra encore pour améliorer leur sort, n'ont servi ni ne serviront à rien, et cela se conçoit ; on *est forcé d'infliger aux hommes à bord des punitions plus pénibles à supporter que leur travail* (ce qui n'est pas peu de chose) ; si, joint à cela, on se représente les privations auxquelles ils sont sujets pendant le temps de leur embarquement, nous laissons à juger si

7 ou 8 ans d'une telle existence sont faits pour encourager ces hommes à se faire marins et même à faire leur devoir, d'autant *qu'ils n'ont aucune perspective d'avancement* (voir l'article sur l'avancement pages 17 et suiv. )

Les navires du commerce pourraient être forcés d'avoir des armes ( des canons surtout) (1), et de faire faire l'exercice à leur équipage toutes les fois que le temps et les circonstances le permettraient. *Il faudrait aussi que le nombre d'hommes d'équipage de chaque navire marchand fut limité*, afin d'empêcher qu'ils profitassent pour le diminuer du renfort que le gouvernement leur accorderait, diminution qui ferait manquer d'emploi aux marins des classes.

En temps de paix, nos navires de guerre pourraient être armés par les jeunes gens des classes qui n'auraient pas servi et les recrues qui feraient leur temps d'embarquement. En temps de guerre, ils pourraient l'être par les mêmes, plus ceux que l'on aurait créés les années précédentes et plus encore par les marins des classes non mariés et au-dessous d'un certain âge. Il serait bien aussi que les marins des classes ne pussent pas se marier avant un certain âge, à moins d'avoir fait un temps limité de service à bord des navires de l'État, sous peine d'être levés quoique mariés. (On a vu des jeunes gens de 18 et 20 ans se marier pour éviter le service ).

Une chose qui pourrait encore se faire, et qui ne serait pas sans importance, serait d'embarquer à bord des navires du commerce d'un tonnage limité, et toujours aux frais de l'État, un élève de 2e classe en qualité d'officier (2). *Ces messieurs s'exerceraient à faire exécuter avec peu de monde des manœuvres qu'ils ne commandent directement à bord d'un vaisseau que quand ils portent les deux*

(1) Ceci ne serait cependant pas rigoureusement nécessaire, car dans les 4 ou 5 ans qu'ils passeraient en garnison, ils auraient le temps d'apprendre la manœuvre du canon.

(2) Le mode d'avancement que je propose dispenserait de cette mesure (voir pages 8 et suiv. ).

*épaulettes ;* or, nous ne doutons pas que voir exécuter et faire exécuter soi - même une manœuvre, sont deux choses toutes différentes. Si ce système était applicable, il paraît pouvoir assurer un débouché aux riches productions françaises pour les pays d'outremer (1), des marins à l'État et au commerce dans tous les cas (2), *et dispenser les vieux pères de famille de marcher à l'ennemi jusqu'à l'âge de plus de 50 ans comme cela s'est vu ;* cette dernière considération devrait être d'un grand poids pour l'adoption de quelques mesures de ce genre. Qui, plus que le vieux matelot, mérite d'être tranquille ? Nous devons tous beaucoup à la patrie, sans doute, mais la répartition pourrait être mieux faite : car, certes, en fait de tribut à payer à l'État, le matelot n'a pas été oublié, *et nous pourrions citer un grand nombre de jeunes gens qui, sur sept ans de navigation, en ont cinq sur les navires de guerre, sans préjudice des autres levées.*

Les levées ne devraient pas être confiées aux soins d'une seule autorité, comme cela a lieu dans chaque quartier ; on pourrait établir des commissions présidées par les commissaires des classes devant lesquelles chaque matelot ferait prévaloir ses réclamations, et une semblable mesure éviterait des missions bien pénibles aux administrateurs. Tous ces inconvéniens réunis accablent nos contrées maritimes, et il serait très important de les réformer. En supposant donc que le plan d'organisation dont il est question exigeât pour la solde et la nourriture des hommes de mer, plus de frais que si ces hommes étaient en garnison, quel est le citoyen qui se récrierait contre la légère rétribution à laquelle il faudrait qu'il concourût pour couvrir cette faible différence ?

La marine du commerce se trouverait-elle lésée en ceci ? ce n'est pas probable ; l'activité que l'on pourrait mettre dans les

(1) Depuis quelques années on lève des pères de famille de trois et quatre enfans, et nous payons les matelots jusqu'à 75 francs par mois au lieu de 50. Nous sommes cependant en paix !

(2) Voir à la fin la note sur les causes de la faiblesse de notre commerce maritime.

voyages avec plus de monde, et les soins dont le navire se ressen-
tirait, balanceraient les préjudices que les armemens auraient à
souffrir, préjudices que nous ne prévoyons pas, à moins que les
indemnités accordées par l'état pour les dépenses de ces hommes
ne fussent pas assez fortes pour couvrir les frais qu'ils occasio-
neraient. Le commerce se trouverait avoir, pour le service de sa
marine, plusieurs milliers d'hommes qu'il ne paierait pas.

La question serait-elle encore de savoir si les autres puissances
maritimes pourraient, par le même procédé, conserver entre leurs
forces navales et les nôtres les rapports qui existent entr'elles aujourd'hui? Ceci n'est pas de notre compétence, mais tout porte à
croire que la France seule, par sa population, peut recourir à ce
procédé avec succès, et ce sont les puissances qu'elle a le plus à
redouter qui peuvent le moins en faire usage.

Sous l'empire, on ne s'est servi que de marins pour armer nos
vaisseaux; nous avons été faibles, il est vrai, mais la lutte n'a pas
été trop mal soutenue, malgré le ramassis d'hommes de toutes
classes, de tout état et de tout âge que les nombreuses presses de
notre adversaires lui procuraient. Ceci nous démontre combien
nous l'eussions embarrassé si, en sus de notre marine des classes,
nous eussions eu quelques milliers de marins de plus sous la main,
comme cela pourrait se faire sous peu d'années.

Dira-t-on qu'il faut plus de deux ans pour apprendre à serrer
le fond d'une voile, prendre l'empointure d'un ris, passer une
drisse de bonnette, gréer un perroquet et gouverner? Assurément
non. Le plus difficile en cela est d'apprendre à se tenir sur une
vergue, et c'est l'affaire de quelques jours. Dans une garniture ou
un armement, chaque officier marinier peut diriger cinquante
hommes, et surtout des hommes qui auraient un an de navigation
au commerce.

Il est physiquement prouvé aujourd'hui qu'on peut commencer
à naviguer à tout âge, et que celui qui n'est pas matelot au bout de
quatre ans de navigation ne le sera jamais; nous voyons journellement des hommes de plus de trente ans d'âge s'embarquer pour

la première fois au commerce, et dans une seule campagne aux Antilles valoir les meilleurs matelots.

Les marins qui ne sont pas de notre avis nous supposeront sans doute dans un démâtage, un virement en carène, dans ces manœuvres enfin qu'ils voudraient nous faire envisager comme des fantômes; mais ce sont là les derniers retranchemens de la vieille routine, et d'où, honteuse et confuse, on la force de déloger chaque jour. Quel est l'officier de marine aujourd'hui, qui, avec une compagnie de grenadiers ou de voltigeurs et 12 matelots ne se chargerait pas de mâter ou démâter un vaisseau, et de le gréer ou dégréer? Une douzaine d'hommes entendus à bord d'un vaisseau de ligne suffisent, avec des hommes qui ont fait trente jours de traversée, pour diriger les opérations les plus difficiles, tant à la mer qu'à terre; d'ailleurs, si l'on tient à ce que les hommes soient bons matelots, que ne leur donne-t-on à bord des leçons sur les amarrages, les nœuds, les paillets, les sangles, les tresses et rabans de toute espèce, sur la confection du grément et son placement, et enfin sur les apparaux? Ces exercices manquent essentiellement à bord des navires de guerre. Y a-t-il des paillets à faire, des poulies à estroper, des cables à épisser, un mât à dépasser ou à guinder, une vergue à mettre en bas, des ancres à élonger ou à lever, ce sont les gabiers qui en sont exclusivement chargés: ainsi, l'homme qui sera resté douze ans à bord d'un navire de guerre peut en sortir sans savoir faire le nœud plat, ce qui peut d'autant plus arriver, que les gabiers conservent leurs postes tout le temps que le navire reste armé; et sortant de l'un ils remplissent les mêmes fonctions à bord de l'autre. Ainsi, sur un équipage de 800 hommes, on peut à peine compter cent bons matelots; encore les trois quarts l'étaient-ils avant d'aller au service: car on choisit lors des armemens les meilleurs hommes pour placer dans les hunes. Il serait même difficile d'empêcher que les choses ne se fissent ainsi; ce qui confirme la nécessité de recourir à la navigation du commerce pour dégrossir promptement et généralement tous les marins.

On nous a objecté qu'il n'était pas convenable de faire naviguer ainsi une partie de l'armée pendant deux ans, pour ensuite en faire des soldats; mais nous demandons s'il est beaucoup plus convenable de faire naviguer une autre partie pendant tout le temps qu'elle sert, comme cela se fait; et puisque le service de soldat est plus doux que celui de marin, pourquoi ne pas répartir sur toute l'armée le temps d'embarquement qu'une faible partie supporte seule.

Toutes choses égales d'ailleurs, si l'on réduisait l'embarquement des équipages à quatre ans au lieu de huit, il y aurait moins de découragement et l'on pourrait faire le double de marins.

Un administrateur très distingué et fort entendu en marine, nous a fait observer que le dégoût des équipages de ligne provenait de ce qu'il y avait de fortes retenues sur leur solde pour les vêtemens, qu'en général les marins avaient une aversion très prononcée pour ce qui était exercices, et que les moyens que nous proposions ne détruisaient pas cet inconvénient.

Il est bien vrai que les marins éprouvent un grand dégoût pour tout ce qui est exercices : mais ce sont les marins des classes qui éprouvent ce dégoût, ce sont des hommes qui font de la marine leur état, qui se trouvent contrariés d'être soldats quelque temps ; ce serait tout différent pour ceux qui tomberaient au sort, ils seraient résignés d'avance : leur aversion ainsi que celle des équipages serait pour la marine et non pour les exercices (1). Le moyen d'y obvier serait de prendre des volontaires, autant que possible, dans chaque levée, et de réduire le temps d'embarquement à une plus courte durée : car cela peut se faire ; *on n'exige que cinq ans de navigation pour faire un capitaine; il n'est pas naturel d'en exiger davantage ni même autant pour faire un matelot.*

Il faudrait dans chaque port de commerce un dépôt pour rece-

(1) Les matelots des équipages disent, nous ne sommes pas marins, nous sommes soldats : et les marins des classes disent, au contraire, nous ne sommes pas soldats, nous sommes marins.

voir les hommes des navires qui désarmeraient, et les capitaines pourraient obtenir des chefs de service, pour désarmer et réarmer leurs navires, le même nombre d'hommes que leur accorderaient les réglemens pour le voyage; les armemens leur paieraient la moitié ou le tiers de la solde des hommes de journée, et ces sommes pourraient être versées au profit de la caisse des invalides.

Les commandans des stations devraient inspecter, sur toutes les rades, les hommes embarqués aux frais de l'État, et leur faire faire l'exercice à leur bord un certain nombre de fois par semaine.

On désire séparer la marine militaire de celle du commerce; la séparation des officiers des deux corps sera très facile, mais celle des matelots est impossible : les matelots du commerce seront toujours appelés à équiper les navires de l'État, à moins cependant qu'on ne réalise ce projet. Car alors avec nos matelots de l'État nous aurions en peu d'années de quoi armer nos navires de guerre, et la marine militaire pourrait n'avoir rien de commun avec celle du commerce, non plus que l'armée avec la garde nationale. La marine du commerce pourrait être considérée comme mobile et ne serait appelée au service que dans les grandes circonstances; à part toujours les deux ou trois ans d'embarquement à l'État que l'on exigerait de chaque marin du commerce avant qu'il pût se marier.

# NOUVEAU MODE D'AVANCEMENT

## Applicable aux deux Marines.

———

Depuis la première rédaction de ce mémoire, nous avons eu connaissance d'une demande en disjonction de la marine du commerce avec celle de l'État. On ne saurait préjuger où peut nous conduire cette séparation ; mais nous ne devons pas perdre de vue *que l'union fait la force* (1), et que ce serait, à n'en pas douter, un nouveau sujet de dissension entre deux corps qui, pour le bien général, feraient beaucoup mieux de marcher ensemble et d'accord, ce qui n'a pas lieu dans l'état actuel des choses.

Nos différens genres d'éducation et le mode d'avancement actuel dans les deux marines, font naître des préjugés trop déplorables chez l'une et l'autre pour nous permettre de créer de nouveaux sujets de discorde entre elles ; nul doute qu'il ne fût préférable de réunir tous nos efforts et de les tendre vers le même but, *celui de confondre en quelque sorte les deux corps en un seul*, soit par conviction, soit par intérêt, et mieux encore par le même mode d'enseignement.

L'antipathie de la marine du commerce pour celle de l'État est très prononcée, et *c'est la cause immédiate du peu d'augmentation qui s'opère dans le personnel des deux* ; ainsi *quand la marine militaire cessera d'être un obstacle pour les jeunes gens qui désirent se faire marins, la France aura plus de matelots qu'elle n'en pourra employer*. Or, puisque de là dépend la régénération de la marine,

(1) Il est hors de doute que l'on obtiendrait les plus grands résultats, si l'on pouvait joindre la marine du commerce avec celle de l'État, et tirer de ce seul corps les administrateurs et les consuls. Ces diverses branches d'administration marchent rarement d'accord, ce qui porte le plus grand tort au commerce et à l'État. Mais la spécialité de chaque corps rend la chose impraticable.

nous sommes naturellement conduits à deux choses, d'abord à la recherche de ce que le matelot redoute le plus, et par suite au moyen d'y obvier. Ainsi après avoir analysé les principales causes qui excitent l'aversion des marins du commerce pour la marine de l'état, nous y joindrons le moyen d' obvier ou d'introduire une douce compensation aux inconvéniens que nous avons cru reconnaitre.

Nous considérons dans la marine du commerce que *la carrière de la marine militaire est fermée, barricadée pour nous;* nous ne pouvons y obtenir d'avancement qu'à deux conditions : il faut être favorisé de la nature dans sa constitution physique, soit par la force, soit par l'agilité, et *il faut servir au moins quinze ans pour obtenir le maximum du grade ;* et ce maximum est celui de maître d'équipage (adjudant). Très peu de marins persévèrent à y concourir : car non seulement les avantages de la place n'offrent rien d'attrayant; mais c'est qu'encore *nous avons contre nous pour y arriver quatre-vingt-dix-neuf chances sur cent.*

Les maîtres vieillissant, mourant même dans leurs fonctions ne laissent de places vacantes que très rarement; *il nous est donc impossible, ou à peu près, d'obtenir le grade de maître au service;* et ces places ne sont occupées que par des hommes que les circonstances ont forcés de suivre la marine militaire.

Ce qui est encore à considérer, *c'est que dans l'état actuel des choses, lorsqu'il y a des promotions à faire , les commandans sont forcés de rayer de leurs listes les jeunes gens qui pourraient marcher sur leurs traces,* et d'y substituer des hommes éprouvés sans doute, mais sans instruction , sous peine de mettre la marine militaire dans l'impossibilité de se procurer des maîtres de manœuvre, attendu que ces jeunes gens quittent le service le plutôt qu'ils peuvent (1), *et cela fait que l'on congédie des hommes très capables, réduits encore à la dernière paie de matelot après huit ans de service.* La plupart ce pendant atteignent le grade de caporal.

_________

(1) Pour se presenter aux examens de capitaine ( navigation au commerce ).

On ne voit pas cela dans l'armée : l'avancement y est aussi plus rapide, et ceci vient de ce qu'on ne fait un sergent-major que quand il a acquis les connaissances d'un officier ; peu de temps après on lui en donne le titre ; et c'est ainsi que dans l'armée chacun fait ainsi successivement place à celui qui le suit. On voit peu de sergens-majors aux cheveux blancs, tandis qu'une grande quantité de nos maîtres sont sexagénaires ; *rien cependant ne paraît empêcher d'introduire dans la marine les mêmes règlemens à l'égard de l'avancement.*

*On peut considérer qu'en temps de paix, le marin qui navigue au commerce sert tout aussi bien son pays que s'il naviguait à l'État ; il n'en reçoit aucun salaire et s'instruit comme l'autre pour sa défense au besoin, à moins qu'on appelle servir l'État, s'en faire payer* (1).

Il n'existe de différence entre la marine du commerce et celle de l'État que dans l'artillerie, les objets nécessaires pour les préparatifs de combat, et dans les accessoires et détails administratifs qu'entraîne naturellement la discipline qui doit régner à bord d'un navire de guerre ; du reste, elles sont identiques, *maritimement* parlant ; ainsi, à partir du jour où les marins commencent à naviguer, jusqu'à celui où ils seraient admis au grade de lieutenant de frégate, leur genre d'éducation peut ne pas différer ; partant

---

(1) Un officier de la marine militaire aux lumières duquel ce mémoire fut soumis, écrivit en marge entr'autres annotations, cette phrase ; *et la liberté, monsieur, vous la comptez donc pour rien ?* Nous ne savons si cette question faisait allusion ici aux officiers ou aux matelots de la marine militaire ; mais dans l'un, comme dans l'autre cas, elle nous paraît déplacée. Dans le premier cas, en effet, en échange de leur esclavage ( si tant il est vrai qu'ils manquent de liberté ), les officiers de la marine militaire reçoivent des grades et des honneurs que n'obtient pas qui les veut au même prix.

Voudrait-on parler des matelots ? mais le nombre de ceux qui ne quittent pas la navigation de l'Etat est si petit, qu'il n'est pas la peine de s'en occuper, et d'autant moins, que comme les autres ils peuvent naviguer au commerce. Leur profession est donc encore libre, et l'on ne saurait justement réclamer en faveur de leur esclavage. Tout ce mémoire n'est d'ailleurs qu'un enchaînement de propositions utiles et avantageuses aux matelots en général.

de ces principes, *il faudrait que tous les marins fussent libres de concourir aux emplois, quelle que fût la navigation à laquelle ils seraient attachés,* soit militaire, soit commerciale ; et, à cet effet, il faudrait établir dans les principaux ports du royaume des examinateurs pour recevoir les candidats depuis le grade de matelot de 2<sup>e</sup> classe jusqu'à celui de lieutenant de frégate. Chaque grade à l'État correspondrait à un autre grade au commerce, et le même examen servirait pour ces deux corps.

Le gouvernement ne cesserait pas pour cela de lever les hommes qui lui conviendraient et de remercier ceux dont il n'aurait plus besoin, jusqu'au grade d'élève de 1<sup>re</sup> classe y compris : car le lieutenant de frégate devrait être entretenu à compter du jour de sa réception ; il aurait l'option seulement de suivre la carrière militaire ou celle du commerce ; et dans le cas où il choisirait la dernière, l'État ne lui devrait aucun salaire jusqu'au moment de sa retraite.

Comme les connaissances qu'il serait indispensable d'exiger pour chaque promotion, mettraient un grand nombre de jeunes gens dans l'impossibilité de subvenir aux frais que leur occasionerait la perte de temps pour leurs études et leurs examens, il serait bien que le gouvernement établît des écoles publiques dans les principaux ports du royaume, non pas comme nos écoles d'hydrographie, mais des établissemens où l'on enseignerait tout ce qu'un marin doit connaître, tant en pratique qu'en théorie.

Pour diminuer les charges du trésor et faciliter au gouvernement les moyens de donner toute l'extension possible à ces établissemens, on pourrait retenir dans les bureaux de la marine une fraction des appointemens de chaque élève, jusqu'à concurrence de la somme qu'il devrait à l'école, ce qui suppose que le temps de leurs classes serait à leurs frais.

Dira-t-on que le gouvernement ne peut pas accorder d'avancement aux marins qui n'ont pas servi sur ses navires ? Mais que doit lui importer cela, si ces marins font les mêmes progrès en faisant une autre navigation ; puisque cet avancement n'est qu'honoraire et ne doit peser sur le trésor que quand l'État a besoin d'eux ? et dans ce cas même, n'est-il pas de toute justice qu'ils soient payés selon leur mérite, et que les bons matelots ne soient pas, ainsi que cela se voit aujourd'hui, à la même solde que les mauvais ?

Cette institution, sans abolir les élèves de marine, retarderait leur examen : par exemple, au lieu de le passer à l'age de 16 ans, il faudrait au contraire qu'ils eussent 18 ans révolus : car cet avancement précoce ne sert qu'à rebuter les matelots et à donner à l'État des officiers qui peuvent n'avoir aucune disposition pour la marine (chose qui n'arrive que trop souvent). En effet, ces jeunes gens passent leur examen avant d'avoir vu la mer ; s'ils sont reçus, ils naviguent ; et c'est quand ils ne peuvent plus reculer qu'ils s'aperçoivent que la navigation ne leur convient pas ; mais l'état est fait, on craint de désobliger ses parens, on continue à naviguer et l'on est marin par force. Le nouveau procédé offrirait, au contraire, l'avantage d'avoir des sujets identifiés avec le métier ; d'un autre côté, les jeunes gens abusent de leur position ; on ne pense pas à 15 ans comme l'on pensera à 20 et 30 ans ; et des hommes d'un certain âge, qui souvent ont de longs services, se trouvent mortifiés d'être commandés, tutoyés par des enfans qui ne mettent pas toujours dans leur commandement la modération qu'ils devraient y mettre : ce sont là *des inconvéniens du service dont le matelot tient un fidèle compte, et lui font promettre plus d'une fois qu'aucun des siens ne mettra les pieds sur un navire.* L'institution des élèves a eu lieu dans un temps où l'on pensait qu'on ne pouvait être marin, si l'on ne commençait à naviguer vers l'âge de 12 ans ; mais aujourd'hui que l'on est revenu de ces vieilles idées, rien n'empêche d'exiger l'âge de raison de quiconque sollicite un grade dans la marine.

Il est encore un inconvénient d'une bien autre importance et qui cause, sans que l'on s'en doute, plus de mal à lui seul que tous les autres ensemble : *c'est celui de ne pas répartir le mieux possible entre tous les marins le temps de service qu'ils doivent à l'État;* l'administration ne devrait pas être libre de faire faire cinq, huit, et jusqu'à dix ans de service presque consécutifs à de certains matelots qui souvent sont mariés, tandis que d'autres se trouvent libérés pour toujours, moyennant un an sur quelque navire de servitude.

En marine, une foule de circonstances peuvent prolonger la durée de la campagne : il n'y a pas de remède à cela, et les matelots s'y conformeraient sans murmurer ; mais à cet inconvénient s'en joignent de plus grands encore et peut-être moins justes : car, outre la grande latitude que l'on donne à l'administration à l'égard des levées, *il dépend souvent aussi de la volonté d'un commandant de faire congédier ou de conserver son équipage ;* on ne peut pas reprocher à un officier de s'attacher aux hommes qui l'ont servi au point de ne pas vouloir s'en séparer ; mais cet excès de bienveillance est loin d'être approuvé par les hommes qui en sont l'objet. *Chaque individu doit servir son pays dans la proportion que le sort lui assigne, ce qui n'est nullement observé dans la marine ; et la vie entière du matelot et de sa famille s'écoule, par cette seule raison, dans un état d'anxiété continuelle ;* voilà sans contredit un mal réel : qu'on réforme tout cela autant que possible et l'on ne tardera pas à obtenir de bons résultats.

Dans les adresses aux chambres, on a parlé de pensions, d'augmentation de salaires pour les matelots : il est bien à désirer que tout cela se réalise ; et c'est cependant moins dans les pensions et salaires des hommes à l'état que l'on obtiendra les résultats désirés, que dans les réformes que nous venons de signaler. *La pension des matelots du commerce n'est jamais entrée dans leurs calculs* lorsqu'ils se font marins : c'est au point que sur 100 matelots, 95 ne savent *ni à quel âge on obtient la pension, ni quel en est le taux, ni le temps de navigation qu'il faut pour l'obtenir.*

*Il n'est pas un matelot* (1) « je parle avec connaissance de cause »

____

(1) Ils ne passent pas si légèrement sur le temps de service que l'on exige d'eux ; c'est un grand calcul chez tous les matelots que celui des moyens de

qui ne sacrifiât sa retraite et les trois quarts de sa paie au service pour avoir la certitude de ne servir que dix-huit mois ou deux ans en temps de paix.

Si le projet dont il est question peut se réaliser, la régénération de la marine sera opérée; le service en temps de paix pourra se réduire à une très courte durée pour les marins des classes, et en temps de guerre même, les hommes mariés en seront préservés, à moins de grands événemens. Qu'on rende aussi les galons et les épaulettes également accessibles à tous les marins, sans distinction de corps, et l'émulation sera à son comble. « L'amour de l'honneur et de la gloire, a dit l'empereur, forme un sixième sens chez les Français. » Chaque navire deviendrait une école, et les réunions de jeunes marins autant de petites académies maritimes; *la marine ne serait plus qu'une profession libre dont le seul tribut serait de payer à l'état quelques mois de service fixe et sans répétition.* Le gouvernement n'établissant aucune distinction entre ses deux marines, exciterait le même zèle chez l'une et l'autre, et toute espèce de dissentiment serait détruit; les pensions et les marques distinctives qu'on réclame sans cesse pour la marine du commerce se trouveraient naturellement établies.

*La base du plan n'a rien qui puisse entraver la conquête des connaissances que l'on peut et que l'on doit exiger du véritable homme de mer; du contraire, tout serait réuni pour l'aider, le faciliter et l'engager à les acquérir. Il n'en résulte non plus aucune révolution dans ce qui est déjà établi; tout ce qui est fait se trouve bien fait, et il n'y aurait de changement que dans la manière d'admettre de nouveaux initiés, qui tous seraient prévenus à temps des nouvelles for-*

servir le moins longtemps possible; tous cherchent à faire de longs voyages pour être moins à portée des levées, et il ne faut pas croire qu'ils n'y songent que quand ils sont classés : la filière de leur voyage est réglée dans leur esprit avant d'entreprendre le métier de la mer; ils vivent dans l'espoir de ne servir que deux ou trois ans au plus, et il n'y aurait pas un matelot qui mît le pieds sur un navire, s'il avait la certitude de faire 5 ans de service.

malités qu'ils *auraient à remplir.* Toutefois, l'on doit s'attendre à quelques objections, et entre autres à celle-ci par exemple ; comment confondre le grade de maître d'équipage avec celui d'élève, les premiers étant exclusivement chargés de certaines opérations que l'on ne pourrait pas confier à des jeunes gens, tels que les mâtages et autres forts apparaux ? Mais on peut répondre à cela ; que *si de telles opérations ne peuvent être confiées à un élève, il est du devoir d'un officier de s'en charger : car il est tout aussi honorable de commander le mâtage d'un vaisseau qu'un virement de bord, et un officier ne doit pas plus ignorer l'une de ces opérations que l'autre.*

L'école en question mettrait les élèves à même de se familiariser très promptement avec la partie du maître d'équipage, qui, roulant plus particulièrement sur le mécanisme, donnerait de grands avantages à l'homme instruit sur celui qui ne l'est pas ; les chefs des hunes seraient chargés du soin du grément de leur mât, sous la surveillance d'un élève ou d'un lieutenant de frégate pour chaque mât ; et pour les sifflets, on pourrait en avoir comme on a des tambours, des musiciens, etc., etc. Du reste les élèves pourraient distribuer les hommes à la manœuvre comme les maîtres : ce seraient de nouveaux usages à établir, et voilà tout. *La marine serait donc la seule science où l'on fut dispensé de connaître les premiers élémens, et la seule arme où l'officier ne serait pas tenu de connaître la manœuvre du soldat ?* en changeant le mode d'instruction, l'on obtiendrait d'autres résultats sans nuire aux principes actuels.

Sans nuire aux uns et favoriser les autres, il est difficile d'opérer des changemens sur des objets aussi graves et aussi importans que ceux dont il vient d'être question. Les intérêts d'une nation entière peuvent seuls les autoriser, et alors ils font plus, ils les ordonnent impérieusement.

La formation des matelots a été entièrement approuvée par les personnes qui ont eu connaissance de ce projet ; nous n'avons rien de plus à dire à cet égard ; il n'en sera sans doute pas de même de celle des officiers : elle touche les intérêts d'une classe de la société d'une haute influence. Toutefois, notre but, dans celle-ci comme dans l'autre, a été de chercher, autant que possible, à concilier les intérêts particuliers avec l'intérêt commun ; et, s'il y avait lieu de faire un choix de ces propositions, les personnes compétentes sauraient trancher la question et en exclure tout ce qui serait contraire au bien général.

La remise de 50 places fortes aux alliés en 1814, de 12,000 bouches à feu, d'un matériel immense, de grands dépôts de toute espèce, et à laquelle on joignit trois colonies (l'Ile de France, Tabago et Sainte-Lucie), trente et un vaisseaux de haut bord et douze frégates, etc., etc., sont autant de sacrifices dus à la faiblesse de notre marine.

Nous n'avons pas oublié d'avantage que le 10 mai 1806, le cabinet anglais anéantit d'un seul mot les droits de tous les États maritimes, en ne reconnaissant plus de neutres sur les mers. Les arrêts de 1807 imposaient à tout navire l'obligation de relâcher dans un port anglais, quelle que fût sa destination, de payer un tribut à l'Angleterre et de soumettre sa cargaison au tarif de ses douanes. Le gouvernement anglais proclamait la domination des mers et regardait tous les peuples comme ses tributaires. Ceci nous rappelle une réponse de l'Empereur, qui dit à quelqu'un qui l'engageait à la paix : « Sans doute, d'un seul coup de bride je puis arrêter toute la cavalerie de l'Europe; mais ce sont les voiles anglaises que je ne saurais atteindre! »

# NOTE

Sur les causes de la faiblesse de notre Commerce Maritime, comparativement à celui de l'Angleterre et des États-Unis de l'Amérique du Nord.

---

Des faits bien affligeans et qui doivent avoir fixé l'attention des voyageurs français les plus indifférens sur la prospérité de leur belle patrie, nous ont porté de bonne heure à rechercher d'où ils pouvaient provenir, et nous croyons en avoir découvert la cause.

Ainsi nous avons vu tous les peuples de l'Amérique du sud s'approvisionner presque exclusivement d'articles anglais *qui se fabriquent mieux et à meilleur marché en France qu'en Angleterre*. Nous avons vu quelque chose de plus fort encore, des navires américains et des navires français, par exemple, arriver aux mêmes époques et dans les mêmes lieux, portant des marchandises françaises de même nature, et les premiers livrer leurs marchandises à des prix tels que nos navires, forcés de suivre le cours de la vente, ne retiraient pas même de leurs cargaisons le prix de revient au moment de l'embarquement.

On est dans l'usage d'en attribuer la faute au manque d'économie de nos navigateurs marchands : c'est une accusation aussi fausse

qu'injuste et qu'il nous serait facile de réfuter ; mais voici
réellement le mal :

Le commerce maritime de la France, en général, n'est ex
que par les négocians des ports et par nos navigateurs ; ce
niers, comme on le sait, sont la plupart sans aisance, et le
miers manquent de capitaux suffisans pour acheter au com
chez les fabricans de l'intérieur, des cargaisons de cinq à si
mille francs pour le même navire : ceci réduit nos spécu
non seulement à la nécessité d'avoir recours au *crédit*
France se paie fort cher), mais encore à ne l'obtenir qu
gocians qui eux-mêmes en ont usé auprès de nos fabrican
souvent n'ont acheté (et toujours à crédit) que de second
troisième main. Car, pour obtenir du crédit il faut être co
personnes auxquelles on le demande, et les habitans de
ainsi que nos marins, sont forcés de s'en tenir aux acha
place où ils résident. De là résulte évidemment que les m
dises qu'ils emportent sont grevées d'une foule de faux
n'auraient pas lieu si les fabricans expédiaient eux-même
moins nos commerçans maritimes pouvaient traiter di
avec eux. Dans ce cas, nos fabricans pourraient se con
pays étranger du simple bénéfice qu'ils font aujourd'hui
compatriotes. C'est alors que nos exportations s'accroî
de telle sorte qu'en peu d'années nous écraserions le co
anglais sur bien des points. Nous pouvons citer pour
affaires immenses que fait la ville de Lyon avec la ville
York, où les fabricans de la première en sont presque
point de traiter de gré à gré avec les marchands de
Qui empêche cette ville et tous les industriels français
mêmes relations sur tous les points où ils seraient au m
bien accueillis ? Ce qui les en empêche, on vient de le
l'ignorance complète dans laquelle sont élevés les habitan
térieur de la France sur la marine et les spéculations

Il résulte donc des faits que nous venons d'exposer que nos spé-
culateurs de bonne foi se ruinent et ne retournent pas à la vente;
et d'autres moins honorables ne pouvant soutenir le commerce
qu'au moyen de la fraude s'en servent impudemment, *parcourent
tous les ports en débitant leurs marchandises tarées, et s'enri-
chissent en avilissant leurs compatriotes et les productions natio-
nales.* Aussi à peine comptons-nous l'un dans l'autre, dans chacun
de nos principaux ports, six négocians qui, malgré ces immenses
désavantages, sont parvenus à maintenir l'importation de certains
articles qu'ils ont su accréditer, et dont diverses nations ne sauraient
plus se passer. Car il faut se hâter de le dire, nos bonnes marchandises sont toujours partout bien appréciées; mais aux prix auxquels on est forcé de les vendre, elle ne peuvent se répandre dans
les basses classes de la société, et c'est là surtout que se fait le
grand débouché du commerce anglais.

Ce n'est pas ainsi que comprennent le commerce maritime et
les Anglais et les Américains du nord. En effet, le plus grand
nombre des navires de ce dernier peuple arrivent dans nos ports
chargés de marchandises venues de première main, et dont ils
trouvent un débit facile; puis, ils achètent de nos fabricans mêmes,
soit à Lyon, soit à Paris, des cargaisons qu'ils paient au comptant,
et par conséquent fort bon marché, sur lesquelles ils peuvent ga-
gner beaucoup, tout en les livrant à des prix bien inférieurs à ceux
auxquels, pour ne pas perdre, nos navigateurs sont obligés de
vendre les mêmes articles. De même, le contact des fabricans de
Londres et de Liverpool, etc., etc., avec les marins est la seule
cause des relations colossales de l'Angleterre avec tous les peuples
du monde; et nous ne rivaliserons avec cette nation maritime que
lorsque nous aurons suffisamment répandu en France, dans l'intérieur surtout, le goût et les connaissances de la marine et de ses
spéculations. Combien, alors, de bras oisifs n'utiliseraient pas,
combien d'immenses richesses ne rapporteraient pas à la mère-

patrie les capitaux enfouis dans l'intérieur de la France au m[...]
intérêt de 3 1/2 et 4 p. 0/0!

Un grand homme a voulu lier l'intérêt de tous les peupl[es ...]
la force des armes : il serait sans doute plus facile d'y par[...]
par la voie du commerce bien conçu et bien dirigé. C'est ce [...]
pensé un négociant de notre connaissance en formant un pl[an ...]
commerce maritime qui, mis en pratique (et cela ne serait p[as ...]
possible), opérerait une entière et heureuse révolution da[ns ...]
commerce de la France, aujourd'hui si en arrière des autre[s ...]
des nations maritimes du monde.

Ce sont de telles considérations qui nous ont fait conce[voir ...]
projet de notre *Bâtiment-École*, qui offre aux pères de famill[e, né-]
gocians, industriels, artistes ou marins, l'avantage de faire su[...]
la même carrière à leurs enfans, qui pourront ainsi joindre [...]
théorie de toutes ces sciences les connaissances pratiques e[ssen-]
tiellement utiles à chacune d'elles; car, en effet, comment p[our-]
rions-nous connaître en France les ressources que nous pro[cure-]
raient de bons rapports avec les pays éloignés? Ceux qui le[s ...]
tent habituellement sont commerçans eux-mêmes et ont in[térêt à]
cacher les divers trafics qu'on peut y faire. Avons-nous [...]
rencontré dans une seule relation de voyage la somme et le [...]
d'importations et d'exportations des peuples dont on nous [...]
tient? nous donne-t-on le minimum et le maximum du p[rix ...]
ventes de nos articles et de ceux de chaque lieu à divers[es épo-]
ques? nous dit-on avec précision quels sont les moyens d'é[change,]
les vrais rapports monétaires, le cours de l'argent, et enfin [...]
ce qu'il faudrait savoir pour entreprendre avec connaissan[ce de]
cause une expédition pour un pays quelconque, et avec la m[ême]
sécurité que si nous y avions été? et cependant il est besoin [sur]
tous ces points, de renseignemens précis : les recueillir su[r les]
lieux, et partager avec les jeunes gens que nous emmen[ons ...]

soin de les prendre, de les ordonner et de les classer, pour les communiquer au public, tel est le but de notre entreprise, but qui a été déjà compris et apprécié.

L'expédition doit partir au mois de mai, les personnes qui n'en auraient pas eu connaissance et qui voudraient en profiter pourront s'adresser :

A Paris, à M. GROSRENAUD, rue de Vendôme, 17;

A M. VENDEL, membre de l'Université, professeur de littérature, attaché à l'expédition, rue des Beaux-Arts, 6;

A M. SOULIER DE SAUVE, professeur de chimie, physique, mathématiques, rue Blomet, 44, à Vaugirard;

A Rochefort (Charente-Inférieure), à M. ROI-BRIE et Comp<sup>e</sup>.